Depuis notre dernière rencontre

Dennis Fender

Depuis notre dernière rencontre

Ernst Klett Sprachen
Stuttgart

Bildquellenverzeichnis
51 Shutterstock (jorisvo), New York; Cover; **51** Shutterstock (S-F), New York

1. Auflage 1 $^{7\,6\,5\,4}$ | 2024 23 22 21

Alle Drucke dieser Auflage sind unverändert und können im Unterricht nebeneinander verwendet werden.

Internetadresse: www.klett-sprachen.de

Redaktion: Edith Michaelsen
Layoutkonzeption: Andreas Drabarek
Gestaltung und Satz: Satzkasten, Stuttgart
Umschlaggestaltung: Andreas Drabarek
Titelbild: (asantosg), (Preto Perola), (Darq), (Evgeny Karandaev), (Khakimullin Aleksandr), (Zenobillis), (Alexey Boldin), (Lutsina Tatiana) Shutterstock, New York
Illustrationen: Manboou, La Louvière, Belgique.
Druck und Bindung: AZ Druck und Datentechnik GmbH,
Heisinger Straße 16, 87437 Kempten

Tonaufnahmen und Schnitt: Andreas Nesic, Stuttgart.
Sprecher: Frédéric Auvrai, Elena Bergmann, Yannick Berold, Clémentine Bied-Charreton, Sonia Blin, Julie Chauvet, Thibault Chauvet, Gilles Floret, Anne-Sophie Guirlet-Klotz, Susanne Klaschka, Martina Singla Martínez, Nabil Ouachem, Nora Paluschzak, Marius Ziegler
Das Hörspiel enthält Auszüge der Rede von Charles de Gaulle an die deutsche Jugend vom 9. September 1962 © SWR Media Services GmbH, Stuttgart

Printed in Germany

ISBN 978-3-12-591004-1

„Wenn ich die jungen Menschen auf diesem Platz hier sehe, dann kann ich nur sagen: [...] Liebe Jugendliche, das Europa der Zukunft liegt in euren Händen. Vive la jeunesse franco-allemande, vive la jeunesse européenne."

Bundeskanzlerin Angela Merkel
am 22. September 2012 in Ludwigsburg

Table des matières

Zu diesem Buch gibt es eine Hörfassung sowie ein Video, die mit der Klett-Augmented-App geladen und abgespielt werden können.

Klett-Augmented-App kostenlos downloaden und öffnen

Bilderkennung starten und **diese Seite** scannen

Medien laden, direkt nutzen oder speichern

Vorwort

Liebe Schülerinnen und Schüler,

Lesen sollte zuallererst Spaß machen. Eine spannende Geschichte kommt aber nicht ohne einige Vokabeln aus, die ihr nach drei Jahren Französisch noch nicht kennt. Diese werden jeweils am Seitenende erläutert.

Wenn sich Jugendliche (aber auch Erwachsene) im Alltag unterhalten, wie hier z. B. Damien und seine Freunde, benutzen sie vorzugsweise das „français familier“, das umgangssprachliche Französisch. Das hat z. B. folgende Merkmale:

- Bei Verneinungen fällt manchmal das ne weg:
  j'ai pas eu statt je n'ai pas eu
- Bei Fragen wird die Intonationsfrage bevorzugt, in welcher die Reihenfolge der Wörter die gleiche bleibt, wie bei einem Aussagesatz:
  Tu sais pourquoi ? statt Est-ce que tu sais pourquoi ?

Damit ihr euch aktiv mit dem Inhalt der Lektüre auseinandersetzen könnt, werden euch Aktivitäten zu jedem Kapitel der Lektüre ab S. 48 angeboten. Diese prüfen unter anderen die Kompetenzen des Lese- als auch des Hörverstehens.

Das Hörspiel zur Lektüre sowie ein Video in Verbindung mit der Lektüre stehen euch zum Herunterladen auf euren Smartphones oder Tablets zur Verfügung: Ladet bitte dafür vorab die Klett-Augmented-App kostenlos im App Store oder auf Google Play herunter (s. S. 7).

Und nun viel Spaß beim Lesen und Zuhören!

1

Vendredi après-midi, dans la cour du collège Jean Moulin de Rouen. On sent beaucoup de joie mais aussi de la nervosité parmi les jeunes de la 3ᵉB et leurs parents qui attendent dans la cour du collège. Cet après-midi, leurs correspondants allemands de Cologne arrivent pour faire un échange et passer une semaine avec eux. Contrairement aux autres élèves, Damien reste calme. Il y a quelques jours, il a *skypé* avec son correspondant Moritz qui a l'air d'être sympa, vu qu'il joue aux mêmes jeux vidéo que lui. À côté de Damien, il y a sa mère, Esther, et sa copine, Alizé, que tous ses copains appellent « Zélia ». C'est son surnom.

ESTHER : Alors, Zélia, c'est dommage que ta corres ne vienne pas. Tu sais pourquoi ?

ZÉLIA : Elle est malade. Hier, elle m'a envoyé un message vocal. Elle avait très mal au ventre et elle est allée à l'hôpital – c'est peut-être une appendicite.

---

7 il y a + *indication temporelle* vor | 16 l'appendicite *f* Blinddarmentzündung

Damien : Aïe, ça fait mal, ça ! Elle a pas de chance ! Et c'est dommage pour toi ! Mais mon corres a l'air sympa, on va s'occuper de lui ensemble, toi et moi, pas vrai Zélia ?

Zélia : Ouais. J'ai hâte de faire sa connaissance. Mais vous jouerez pas aux jeux vidéo tout le temps, hein Dam ?

Esther : Ah non ! C'est pas possible ! Il y joue aussi ?

Damien : Ben ouais, maman. T'inquiète, Zélia ! On n'a pas beaucoup de temps. T'as oublié ? Il faut qu'on travaille sur un projet franco-allemand ensemble pendant la semaine.

Esther : Très bien ! En plus, c'est important pour préparer votre brevet.

Zélia : Regardez ! Le car arrive.

On entend un murmure parmi les élèves français pendant que les élèves allemands descendent du car. Ils ont l'air un peu fatigués mais contents d'être enfin arrivés. Les profs commencent à lire les noms pour former les tandems. Enfin, Damien rencontre Moritz.

Damien : Bienvenue à Rouen !

Moritz : Merci, Damien ! Bonjour !

Esther : Bonjour Moritz. Je suis Esther, la mère de Damien. Enchantée !

Zélia : Salut ! Moi, c'est Alizé, mais tous mes amis m'appellent « Zélia ». C'est du verlan.

Moritz : Euh… du quoi ?

„Das fängt ja gut an", pense Moritz qui rougit un peu. Damien explique :

---

7 T'inquiète ! *fam* = Ne t'inquiète pas ! Mach dir keine Sorgen! | 12 un car Reisebus | 13 un murmure Raunen

DAMIEN : Le verlan, c'est une façon de parler. On inverse les syllabes des mots. Tu vois, par exemple, au lieu de dire « une fête », on dit « la teuf ». A-li-zé, c'est Zé-li-a en verlan !

MORITZ : Ah, d'accord. Je connais ce jeu, mais j'avais oublié comment il s'appelle.

ESTHER : Moritz, je trouve que tu parles très bien français !

MORITZ : Merci, madame, c'est gentil. Comme ma famille est très francophile, on est souvent en France pendant les vacances…

ESTHER : Ah, je comprends ! Où est-ce que vous allez en vacances ?

MORITZ : On va souvent en Bretagne.

ESTHER : Oh, c'est très beau, la Bretagne ! Mais tu vas voir, la Normandie, c'est pas mal non plus !

Damien regarde l'heure sur son portable.

DAMIEN : Bon, maman, on y va ? J'ai faim, moi ! Pas toi, Mo ?

MORITZ : Euh, oui.

ESTHER : Zélia, tu veux manger avec nous ?

ZÉLIA : Avec plaisir !

Le petit groupe marche en direction de la voiture des parents de Damien. La maman de Damien s'adresse à Moritz.

ESTHER : Damien m'a dit que tu étais végétarien. Tu manges du fromage ? On a du bon fromage ici, tu sais !

MORITZ : Euh, je n'aime pas trop le fromage, mais je peux goûter…

DAMIEN : T'en fais pas, Moritz ! On mange pas que du fromage ici. Tu vas pas mourir de faim. Allez viens !

---

8 francophile aufgeschlossen gegenüber Frankreich, seinen Bewohnern und Kultur | 24 T'en fais pas ! *fam* Mach dir keine Sorgen !

Damien donne une petite tape amicale sur l'épaule de Moritz et ajoute en souriant :

DAMIEN : Tu aimes les pommes ? On est aussi spécialistes des pommes, en Normandie !

La maman de Damien intervient :

ESTHER : Vous n'allez pas boire de cidre, Damien. Vous êtes trop jeunes !

DAMIEN : Alors, un petit diabolo ? Tu connais les diabolos, Moritz ?

MORITZ : Non, qu'est-ce que c'est ?

DAMIEN : Tu vas voir, c'est délicieux…

2

Le lendemain, on est samedi. Damien et ses parents, Esther et Etienne, profitent du week-end pour faire visiter la Normandie à Moritz. Aujourd'hui, ils vont faire un tour à Étretat, un lieu connu pour ses falaises impressionnantes. Sur l'autoroute, Moritz et Damien sont plongés dans une discussion sur le football quand, tout à coup, le père de Damien freine très fort.

DAMIEN : Papa, qu'est-ce qu'il y a ? Pourquoi est-ce que tu freines comme ça ?

ETIENNE : C'est toujours la même chose, il y a un 35 qui conduit trop lentement. N'importe quoi !

MORITZ : Qu'est-ce qui se passe ?

DAMIEN : Regarde ! En face de nous, il y a un 35, cela veut dire qu'il est breton. Papa dit que les Bretons sont trop lents sur la route.

MORITZ : Un 35 ?

DAMIEN : Oui, c'est le numéro sur la plaque d'immatriculation. Il indique de quel département on vient. Le 35, c'est le numéro de l'Ille-et-Vilaine, en Bretagne. Le nôtre, c'est le 76, la Seine-Maritime, en Normandie. Grâce à ces numéros, on peut s'identifier sur la route.

MORITZ : Ah, je comprends. C'est un peu pareil en Allemagne.

ESTHER : Tu vois Moritz, les Normands et les Bretons ne sont pas très copains. On est un peu en concurrence. Par exemple, les Normands pensent que le Mont-Saint-Michel est normand, et les Bretons pensent qu'il est breton… Moi, ça me fait rire et je ne trouve pas cela très important, mais il y a des personnes qui prennent cela très au sérieux. C'est dommage, non ?

MORITZ : Oui. Il y a aussi des rivalités entre Cologne et Düsseldorf.

---

6 être plongé dans in etw vertieft sein | 7 freiner bremsen | 10 conduire fahren | 16 la plaque d'immatriculation KFZ-Kennzeichen | 21 c'est pareil das ist ähnlich

ESTHER : L'histoire des Bretons qui sont plus lents que les Normands, c'est peut-être drôle, mais c'est un cliché, ça ne sert à rien !

ETIENNE : Mais si, chérie. Regarde, s'il y a un Breton en face de nous, je fais plus attention en conduisant !

Damien répond avec ironie.

DAMIEN : Ah-Ah-Ah, très drôle, papa !

Le dimanche, après une longue grasse matinée, la famille de Damien fait découvrir le centre-ville de Rouen à Moritz. Ils se baladent dans les rues de la vieille ville et visitent le musée de Jeanne d'Arc. Après un copieux repas dans un restaurant normand, ils arrivent devant la majestueuse cathédrale de Rouen.

DAMIEN : Elle est pas mal, notre cathédrale !

Moritz sourit.

MORITZ : Pas mal…

DAMIEN : OK, j'ai compris. Celle de Cologne est vachement plus impressionnante.

MORITZ : Quand tu seras à Cologne, je t'emmènerai la voir.

DAMIEN : En attendant, viens, on fait des selfies !

4 en conduisant beim Fahren | 7 une grasse matinée → faire la grasse matinée ausschlafen | 8 se balader spazieren gehen | 10 copieux/copieuse reichhaltig

3

Aujourd'hui, on est lundi, donc pas de grasse matinée, les garçons doivent se lever tôt pour aller au collège. Les élèves allemands sont curieux de savoir comment se passent les cours dans un collège français. Leur premier cours est celui d'histoire-géo. Moritz demande :

MORITZ : Il est sympa, votre prof d'histoire ?

ZÉLIA : C'est une femme. Elle s'appelle madame Dévin. Elle est plutôt sympa sauf qu'elle parle beaucoup et, si on est en retard, elle peut être vachement… euh… vraiment méchante.

DAMIEN : C'est vrai. Moi, la géo, c'est pas mon truc, je préfère l'histoire. Et toi, Moritz ?

MORITZ : Moi aussi ! En fait, chez nous, il y a un prof pour l'histoire et un prof pour la géo, ce sont deux profs différents. Mais notre prof d'histoire est aussi notre prof de français. Et la prof d'anglais donne aussi des cours de musique.

ZÉLIA : Ah ouais… c'est marrant ! Et sinon… Comment est-ce que tu trouves notre collège ?

MORITZ : Il est sympa et plus moderne que mon collège. Vous avez un tableau blanc et des feutres tandis que chez nous, il y a encore des vieux tableaux verts.

ZÉLIA : En fait, c'est pas notre salle de classe. Les profs ont leur salle et nous, on change de salle après chaque cours. Cette salle, c'est celle de madame Dévin, pour l'histoire-géo.

DAMIEN : Quand on parle du loup ! Voilà madame Dévin. Chut !

Madame Dévin entre dans la classe en souriant. Les élèves se lèvent. Moritz observe la prof et se dit que les autres n'ont pas

---

9 sauf que/qu' *ici fam* aber | 20 tandis que während (Kontrast) | 25 Quand on parle du loup ! *fam* Wenn man vom Teufel spricht! un loup Wolf | 27 observer beobachten

menti : elle a l'air d'être sympa. Elle salue les élèves, qui s'assoient, puis elle commence le cours.

MME DÉVIN : Bon, comme il y a des élèves allemands avec nous cette semaine, on va profiter de leur présence pour travailler sur l'histoire de nos deux pays.

DAMIEN : Yes ! Trop fort !

MME DÉVIN : Alors, vous vous souvenez certainement qu'on a parlé de « l'heure zéro » pour l'Allemagne. Qu'est-ce que ça désigne ?

Une fille lève la main.

MME DÉVIN : Oui, Élise ?

ÉLISE : Euh… Je crois que ça désigne la période après la Seconde Guerre mondiale en Allemagne.

MME DÉVIN : Oui, très bien mais pourquoi parle-t-on de « l'heure zéro » ?

Élise fronce les sourcils et réfléchit.

ÉLISE : Comme beaucoup de villes et beaucoup d'entreprises allemandes ont été détruites par les bombes des Alliés, et comme le régime nazi a été vaincu, c'est comme si les Allemands devaient tout recommencer à zéro.

MME DÉVIN : Tout à fait ! Il serait passionnant d'étudier ce que cela a signifié pour l'Allemagne, de « recommencer à zéro ». Mais ce qui nous intéresse cette semaine, c'est de voir comment les relations franco-allemandes ont évolué à partir de ce moment… Vous savez qu'aujourd'hui, la France et l'Allemagne coopèrent dans beaucoup de domaines, mais cette coopération

8 désigner qc auf etw hinweisen | 11 la Seconde Guerre mondiale Zweiter Weltkrieg | 15 froncer les sourcils *mpl* Augenbrauen runzeln | 18 vaincu/vaincue besiegt | 23 évoluer sich entwickeln | 25 un domaine Bereich

n'a commencé qu'après trois guerres, je dis bien trois guerres, durant lesquelles les deux pays se sont combattus directement.

Tout à coup, on frappe à la porte. C'est un surveillant qui entre avec un élève, Sébastien, le visage tout rouge, suivi de Jonas, son correspondant.

LE SURVEILLANT : Bonjour madame Dévin.

Le surveillant désigne Sébastien du regard.

LE SURVEILLANT : En voilà un qui est abonné aux retards…

MME DÉVIN : Sébastien, ce n'est pas possible ! Cela arrive trop souvent. En plus, ton correspondant est là cette semaine. Fais un effort. Monsieur Landreau, vous contactez les parents ?

LE SURVEILLANT : Oui, je m'en occupe.

MME DÉVIN : Bien. OK, Sébastien, assieds-toi. Et toi, tu t'appelles comment ?

JONAS : Euh… Je m'appelle Jonas.

3 un surveillant/une surveillante Aufsichtsperson | 4 suivi de gefolgt von

Mme Dévin : Jonas, sais-tu qui était Charles de Gaulle ?

Jonas : Euh… Un homme français.

Mme Dévin : Oui, c'est un bon début… Bon, tu peux t'asseoir à côté de Sébastien. Alors, Charles de Gaulle était le président de la République française de 1959 à 1969. Avec le chancelier allemand Konrad Adenauer, il a commencé à créer le partenariat franco-allemand. D'ici vendredi, vous allez préparer un exposé sur les relations franco-allemandes. Vous allez travailler en tandem avec votre correspondant sur un sujet que je vais vous distribuer.

Madame Dévin commence à distribuer les sujets aux élèves. Damien lève la main et demande :

Damien : Madame, la corres de Zélia, euh, je veux dire, la corres d'Alizé n'est pas venue. Alizé peut travailler avec Moritz et moi ?

Mme Dévin : Bien sûr ! Alors vous, vous allez travailler sur un discours de Charles de Gaulle. En septembre 1962, il a prononcé plusieurs discours en Allemagne, dont l'un à Ludwigsburg près de Stuttgart. Voici votre fiche de travail.

Zélia : Mais, Madame, le discours est en allemand !

Mme Dévin : Oui, de Gaulle s'est adressé aux jeunes Allemands en allemand. Pas mal, non ?

Zélia : Mais… mais on va rien comprendre.

Mme Dévin : Damien et toi, vous êtes bons en allemand. Et puis Moritz va vous aider. Et comme vous aimez surfer sur Internet, c'est l'occasion de le faire intelligemment ! Je vous fais confiance !

---

26 intelligemment [ɛ̃teliʒamɑ̃] *adv* klug

L'air satisfait, madame Dévin tourne les talons et continue de distribuer les sujets. Sébastien, le retardataire, lève la main.

SÉBASTIEN : M'dame, qu'est-ce que c'est le traité de l'Élysée ?
MME DÉVIN : C'est le sujet de votre exposé, Sébastien ! C'est à Jonas et toi de répondre à la question dans votre exposé !

Après le cours, Moritz, Zélia et Damien se retrouvent dans le couloir.

ZÉLIA : Ouf… ça va être dur.
DAMIEN : Non, t'inquiète ! J'ai déjà une idée pour notre recherche.
MORITZ : On peut traduire les phrases les plus difficiles en français.
ZÉLIA : Y'a du boulot ! Qu'est-ce que c'est ton idée, Dam ?
DAMIEN : Voilà, en fait, mon grand-père s'intéresse beaucoup à l'histoire et, en plus, comme il a vécu sous de Gaulle, il pourra certainement nous raconter beaucoup de choses sur les relations entre les Allemands et les Français.
MORITZ : Ah, c'est trop fort. On pourrait le voir pour faire une interview.
DAMIEN : Exactement. Pendant la récré, je vais lui écrire un texto. On n'a pas sport cet aprèm, le prof est malade, alors on a le temps. Je vais demander à mon grand-père si on peut passer chez lui cet aprèm.

---

1 tourner les talons auf dem Absatz kehrtmachen | 2 un/une retardataire quelqu'un qui est en retard | 14 vécu *participe passé de* 'vivre' (er-)leben | 20 un aprèm *fam* un après-midi

4

Moritz, Zélia et Damien sont dans le métro en direction du « Théâtre des Arts », la station près de laquelle habite Michel Billeau, le grand-père de Damien. Au CDI du collège, Zélia, Damien et Moritz ont lu le discours de Charles de Gaulle, puis ils ont préparé les questions qu'ils vont poser au grand-père de Damien. Dans le métro, ils continuent de discuter de certains passages du discours.

DAMIEN : Alors, Charles de Gaulle a dit : „Ich beglückwünsche Sie zunächst, jung zu sein. Man braucht ja nur die Flamme in Ihren Augen zu beobachten, […] um überzeugt zu sein, dass diese Begeisterung Sie zu den Meistern des Lebens und der Zukunft auserkoren hat." Je suis pas sûr si j'ai bien compris. Les flammes dans les yeux ?

ZÉLIA : Dam, t'es nul ! Il faut interpréter ce passage, c'est une image !

MORITZ : Zélia a raison !

DAMIEN : Quoi ? Toi aussi tu dis que je suis nul ?

MORITZ : Non ! Tu n'es pas nul. Zélia a raison, « la flamme », c'est une image. Le président veut dire qu'il sent l'énergie des jeunes, ce qui va les aider à devenir les maîtres de l'avenir.

ZÉLIA : Oui, ça veut dire que les jeunes ont l'avenir entre leurs mains.

DAMIEN : Les jeunes de 1962 ?

ZÉLIA : Oui, toute la jeune génération de cette époque. C'est pour ça qu'il parle plus tard aussi du développement des machines et de la technologie qui vont changer la vie des hommes.

MORITZ : En fait, il avait raison. Nous, on profite de cette technologie aujourd'hui : on écrit des textos, des mails et on *skype* comme on veut !

---

14 T'est nul ! Du bist eine Niete! | 20 l'avenir *m* die Zukunft

DAMIEN : Oui, comme s'il n'y avait plus de frontières. Toi et moi, Mo, on s'est vus grâce à Internet avant notre première « vraie » rencontre.

ZÉLIA : Oui, et notre rencontre, c'était le souhait de de Gaulle puisqu'il dit aussi que c'est aux jeunesses allemande et française de se rapprocher et de mieux se connaître pour être amis.

MORITZ : Moi, je suis content de vous connaître parce que vous êtes cool. Peu importe votre nationalité !

ZÉLIA : Nous aussi, on est contents, Mo. Pour nous, aujourd'hui, c'est normal de voyager et de communiquer avec des jeunes d'autres pays. Mais comment c'était pour la génération de nos grands-parents ? C'est une bonne question pour ton grand-père, Dam.

DAMIEN : On va la lui poser ! C'est ici qu'on descend. Venez !

---

4 un souhait Wunsch | 6 se rapprocher sich näherkommen

5

Comme il aime beaucoup ses grands-parents, surtout sa grand-mère Wilma, Moritz est content de rencontrer le grand-père de Damien. Devant une belle maison à colombages, Damien s'arrête et sonne à la porte. Au bout de quelques secondes, la porte s'ouvre.

MICHEL : Ahhh bonjour, les enfants ! Je vous attendais. Toi, tu es Moritz, c'est ça ? Guten Tag!

MORITZ : Oui… euh bonjour, Monsieur.

MICHEL : Bonjour, je suis Michel Billeau, mais pour toi, c'est juste Michel, comme pour mes amis.

ZÉLIA : Bonjour, Michel. Merci de bien vouloir répondre à nos questions.

MICHEL : Avec plaisir ! Je sais seulement que vous voulez parler de Charles de Gaulle. Mais entrez et prenez place !

DAMIEN : Merci, papi ! Oui, on veut parler de de Gaulle. En… euh… en 1962, il a fait un discours en Allemagne à… euh…

MICHEL : À Ludwigsburg ! Et c'était le 9 septembre 1962.

---

5 au bout de + *indication temporelle* nach

Un ange passe. Les trois jeunes restent bouche bée.

DAMIEN : Papi, comment tu sais ?

MICHEL : J'ai assisté à ce discours.

DAMIEN : Quoi ? Tu étais en Allemagne en 62 et tu as vu Charles de Gaulle faire ce discours ? Ce discours sur lequel on doit préparer notre présentation ?

MICHEL : Oui. Je me souviens très bien de ce voyage. J'habitais à Montbéliard et j'étais étudiant à l'université. Montbéliard est jumelé avec Ludwigsburg. En fait, c'était le premier jumelage franco-allemand. Un groupe d'étudiants de Montbéliard a été invité à Ludwigsburg pour fêter ce premier partenariat.

MORITZ : C'est incroyable. Vous êtes donc un… comment dit-on ? Un homme de ce temps…

ZÉLIA : Ouais, un « témoin de l'époque », tu veux dire. C'est fascinant ! Michel, c'était donc votre premier voyage en Allemagne ?

MICHEL : Oui. Vous savez en 1962, j'avais 22 ans et je faisais des études de droit. Je ne parlais pas un mot d'allemand, j'avais peu d'idées personnelles sur l'Allemagne, on entendait surtout les préjugés de nos parents sur les Allemands.

MORITZ : Des préjugés ? Qu'est-ce que c'est ?

ZÉLIA : Tu sais, quand on dit des choses sur une personne sans connaître vraiment cette personne.

MICHEL : Et ces préjugés étaient très négatifs. C'était à cause des deux guerres mondiales. Mais bon, heureusement, c'est le passé.

ZÉLIA : Comment était l'ambiance à Ludwigsburg pendant le discours ?

---

1 Un ange passe. Ein Engel fliegt durchs Zimmer. = Es ist ganz still. | 1 rester bouche bée jdm steht vor Staunen der Mund offen | 3 assister à qc an etw teilnehmen | 9 un jumelage Städtepartnerschaft

MICHEL : C'était incroyable. Il y avait beaucoup de monde. Les gens étaient contents de la venue du président français. Bien sûr, le président et le chancelier allemand étaient aussi présents. Les gens étaient heureux des paroles encourageantes de de Gaulle. Il a motivé les jeunes Allemands et les jeunes Français à faire connaissance et à travailler ensemble pour l'avenir des deux pays.

ZÉLIA : Et alors, est-ce que vous avez fait connaissance avec des Allemands ?

Le sourire de Michel disparaît tout à coup. Michel détourne son regard vers la fenêtre et reste silencieux. Les trois jeunes se regardent l'air surpris. Damien se décide à parler.

DAMIEN : Papi, qu'est-ce qu'il y a ?

Michel tourne de nouveau son visage vers son petit-fils et dit, l'air un peu triste :

MICHEL : En fait... Jusqu'à aujourd'hui, je ne l'ai raconté à personne, mais...

DAMIEN : Raconté quoi ?

MICHEL : Je n'ai raconté à personne que j'ai rencontré quelqu'un de spécial à Ludwigsburg.

ZÉLIA : Oh waouh ! Vous voulez bien nous parler de cette personne ?

Le grand-père de Damien hésite.

MICHEL : Ça fait plus de cinquante-cinq ans maintenant que je n'ai pas vu cette jeune Allemande que ses amis appelaient « Nanni ».

C'était son surnom. Elle aussi, elle a assisté au discours de Charles de Gaulle.

DAMIEN : Elle faisait ses études là-bas ?

MICHEL : Oui. Nanni faisait des études de français et… quand nous nous sommes rencontrés, après le discours, j'ai eu le coup de foudre pour elle.

MORITZ : Le coup de quoi ?

Il n'y a pas que Moritz qui ne comprend plus rien. Damien et Zélia semblent aussi très surpris par ce que Michel raconte.

MICHEL : Ah Moritz ! Le coup de foudre, c'est quand tu tombes amoureux de quelqu'un tout à coup, c'est comme un choc.

MORITZ : Ah… Liebe auf den ersten Blick!

MICHEL : Oui, c'est ça !

En parlant de choc, c'est Damien qui semble maintenant choqué.

DAMIEN : Quoi ? Et mami ?

MICHEL : Damien, c'était avant que je rencontre ta grand-mère. J'ai beaucoup aimé ta grand-mère et je l'aimerai toujours. Tu sais que c'était très dur pour moi après sa mort, il y a trois ans. Mais avec Nanni, à Ludwigsburg, c'était la première fois de ma vie que je tombais vraiment amoureux.

ZÉLIA : Vous l'avez vue plusieurs fois ?

MICHEL : Après le discours, on a passé presque deux jours entiers ensemble.

MORITZ : Oh vous parlez allemand alors ?

MICHEL : Ein ganz bisschen ! Heureusement, Nanni parlait très bien français. Mon point de vue sur l'Allemagne et les Allemands a beaucoup changé. Et puis, après mon retour en France, je n'ai plus eu de ses nouvelles.

ZÉLIA : Mais vous avez pas échangé vos numéros ?

MICHEL : Nos numéros ? Quels numéros ?

ZÉLIA : Vos numéros de téléphone…

MICHEL : Alizé, c'était une autre époque, tu sais. Moi, je n'avais pas de téléphone chez moi et Nanni habitait encore chez ses parents. Peu de gens avaient le téléphone. En plus, téléphoner à l'étranger, ce n'était pas si facile et ça coûtait cher.

MORITZ : Oh… Mais comment est-ce que vous avez fait pour garder le contact ?

MICHEL : J'avais son adresse postale.

ZÉLIA : Alors, vous vous êtes écrit des lettres ?

MICHEL : Je lui ai envoyé plusieurs lettres, mais elles m'ont toutes été renvoyées. Je n'ai pas compris pourquoi. N'oubliez pas qu'à l'époque, on avait encore des frontières : c'était pas du tout facile de communiquer ou même de voyager dans un pays étranger. Et comme je ne parlais pas allemand…. Ah, c'est de l'histoire ancienne, tout cela ! Les enfants, profitez de votre liberté ! Charles de Gaulle et Konrad Adenauer ont voulu que les Allemands et les Français deviennent amis. À l'époque, c'était difficile, mais vous, aujourd'hui, vous pouvez le faire !

Les trois jeunes restent silencieux. L'histoire de Michel les a complètement surpris. Damien dit d'un ton hésitant :

DAMIEN : Papi, je suis désolé. Je savais pas que…

MICHEL : Ce n'est pas grave, Damien. C'était il y a longtemps, maintenant. J'ai eu beaucoup de chance de rencontrer Marianne, je n'oublierai jamais ces deux jours passés avec elle.

16 une frontière eine Grenze

ZÉLIA : Monsieur, vous avez dit que les lettres étaient revenues chez vous. Vous les avez encore ?
MICHEL : Oh, je crois que je les ai gardées, oui, quelque part.
ZÉLIA : Est-ce que je pourrais les voir ?

Michel hésite, puis il va dans sa chambre et en revient peu après avec un petit paquet d'enveloppes un peu jaunies. Il sort de ce paquet la première enveloppe, la regarde d'un air mélancolique et dit :

MICHEL : C'est la première lettre que je lui ai envoyée. Vous voulez la lire ?

Damien et Moritz ont l'air gêné. Zélia répond avec enthousiasme :

ZÉLIA : Oh oui ! … Euh, enfin, vous êtes sûr ?

Michel acquiesce d'un signe de la tête. Zélia prend la lettre et lit à haute voix le nom de la destinataire.

ZÉLIA : Marianne Schmitz…

Puis elle ouvre l'enveloppe et sort la lettre.

---

14 acquiescer zustimmen | 15 le destinataire der Empfänger

6

Montbéliard, le 21 septembre 1962

Chère Nanni,

Depuis notre dernière rencontre, j'ai beaucoup pensé à toi. Cela fait maintenant dix jours qu'on ne s'est pas vus, tu me manques beaucoup. Comment vas-tu ? Comment se passent tes études ?

Ce matin, j'ai vu une photo de notre actrice préférée, Marylin Monroe, qui est morte le mois dernier, et cette photo m'a fait penser à toi. Marilyn avait un grain de beauté sur la joue gauche, comme toi !

Ces quelques jours passés avec toi ont été comme un rêve pour moi. Le discours de de Gaulle, ma rencontre avec toi, nos promenades dans Ludwigsburg, tout cela était extraordinaire.

J'étais tellement triste de rentrer à Montbéliard. Quand je suis arrivé ici, j'ai réalisé que ce ne serait pas facile de te revoir bientôt. Je fête mes 22 ans dans un mois, penses-tu que tu pourras venir à Montbéliard pour mon anniversaire ? Je mettrai de l'argent de côté pour t'offrir le billet de train. J'attends de tes nouvelles et t'embrasse très fort.

Michel

---

9 un grain de beauté Muttermal | 9 la joue Wange | 17 mettre de l'argent de côté Geld zur Seite legen, sparen

7

Après leur rencontre avec le grand-père de Damien, les trois amis s'installent dans une crêperie pour relire la lettre de Michel à Nanni, le premier grand amour de Michel. Zélia, Damien et Moritz sont touchés par cette histoire.

MORITZ : L'histoire de ton grand-père est vraiment triste, Dam !

DAMIEN : Oui, elle est vraiment triste. Je réalise pas vraiment, c'est fou ! Je savais pas que mon grand-père avait été amoureux d'une Allemande quand il était jeune.

MORITZ : Il a sûrement été très triste qu'elle ne réponde pas à ses lettres.

ZÉLIA : « Marianne », c'est marrant, elle avait un prénom français. C'est le nom de la femme qui symbolise la République française ! Tu la connais, Mo ?

MORITZ : Euh… Non…

DAMIEN : En France, Marianne représente la liberté, l'égalité et la fraternité.

MORITZ : Ah, cela date de la Révolution française, alors ?

DAMIEN : Oui, je crois. Vous avez aussi un symbole pour l'Allemagne ?

MORITZ : Euh… Franchement, je ne sais pas !

ZÉLIA : Hé, les garçons, c'est très intéressant tout ça, mais comment est-ce qu'on va faire pour retrouver Nanni ? Enfin, Marianne Schmitz.

DAMIEN : Mais tu délires ? C'était il y a plus de cinquante ans !

ZÉLIA : Je trouve ça trop triste, il faut faire quelque chose.

MORITZ : Oui, on peut raconter cette histoire dans notre exposé. Je trouve que cette histoire montre très bien ce que Charles de Gaulle voulait réaliser : les débuts de l'amitié franco-allemande.

---

20 franchement ehrlich *ici:* ehrlich gesagt | 24 délirer *fam* spinnen, verrückt sein

ZÉLIA : C'est vrai ! Mais si Nanni vit encore et si on arrive à la retrouver, Michel serait heureux de la revoir !

DAMIEN : Je sais pas… Je pense que c'est pas une bonne idée. On n'a pas le temps, il faut qu'on prépare notre exposé. Et puis, où et comment est-ce que tu veux la retrouver ?

ZÉLIA : Mais, Dam, je veux la retrouver grâce aux moyens technologiques qu'avait annoncés de Gaulle. Il voulait que les prochaines générations utilisent la technologie pour que les Allemands et les Français aient plus de contacts et construisent l'Europe.

DAMIEN : Et alors ?

ZÉLIA : Nous avons Internet aujourd'hui et avec Internet, c'est facile de trouver quelqu'un.

DAMIEN : Mais t'as pas assez d'informations sur cette Nanni. Comment veux-tu la retrouver ?

ZÉLIA : Si ! On sait que son vrai nom est Marianne Schmitz, qu'elle était à Ludwigsburg pendant le discours de Charles de Gaulle et qu'elle avait sûrement l'âge de ton grand-père. Regardez, Michel a écrit dans la lettre qu'elle avait un grain de beauté sur la joue gauche comme Marilyn Monroe. Ça pourrait nous aider, peut-être ?

DAMIEN : Où est-ce que tu veux la trouver ? Sur Facebook ? Tu connais beaucoup de personnes âgées sur Facebook ?

MORITZ : Euh, moi oui, ma grand-mère et ses copines sont sur Facebook…

Damien regarde Moritz l'air surpris. Zélia sourit jusqu'aux oreilles.

ZÉLIA : Ah tu vois Damien, si la grand-mère de Moritz est sur Facebook, peut-être que Marianne l'est aussi ?

DAMIEN : Je trouve que c'est du temps perdu.

MORITZ : Oui et on a besoin de temps pour préparer notre exposé ! On doit être prêts vendredi ! D'ailleurs, Dam, tu as raconté mon idée à Zélia ?

DAMIEN : Non, pas encore.

ZÉLIA : Quelle idée, Moritz ?

MORITZ : Voilà, j'ai pensé qu'on pouvait faire une interview de ma grand-mère. On pourrait *skyper* et lui poser des questions sur sa vie quand Konrad Adenauer était chancelier. Peut-être qu'elle a aussi des informations sur la visite de Charles de Gaulle en Allemagne ?

ZÉLIA : C'est une bonne idée, Moritz ! Comme ça, on a deux points de vue différents : celui d'un Français et celui d'une Allemande.

MORITZ : Oui, c'est cool. J'ai déjà écrit un texto à ma grand-mère. Elle est d'accord et on pourra lui parler demain soir après l'école.

ZÉLIA : Bon, je vous propose un compromis : moi, je vais faire une recherche sur Internet ce soir. Peut-être que je vais trouver des informations sur « Nanni » ? Et vous, vous préparez des questions pour l'interview.

DAMIEN : Je suis d'accord, mais si tu ne trouves rien, on oubliera cette recherche, OK ?

ZÉLIA : C'est promis !

8

Le mardi, les trois copains se retrouvent après le collège pour aller chez Damien. Ils sont très excités parce qu'ils ont beaucoup de choses à se raconter.

DAMIEN : Alors, Zélia, enfin on a le temps. Raconte ! Tu as trouvé des informations sur « Nanni » ?
ZÉLIA : Alors, oui et non.
MORITZ : Oui et non ? Comment ça ?
ZÉLIA : En fait, il existe un site Internet avec beaucoup de documents sur la venue de Charles de Gaulle à Ludwigsburg en 1962.
DAMIEN : Et alors ?
ZÉLIA : Là, il y a des photos dont une me semble assez intéressante.
DAMIEN : Tu peux nous la montrer ?

Zélia sort son portable de sa poche et le met en marche.

ZÉLIA : J'ai enregistré la photo sur mon portable… Euh… Attendez… Ah, voilà !… Ça pourrait être Nanni, n'est-ce pas ?

3 excité,e aufgeregt | 15 enregistrer qc etw. speichern

MORITZ : Laquelle ? Il y a trois femmes sur la photo !
ZÉLIA : Attendez, je zoome. Regardez, la femme au milieu a un grain de beauté, comme Nanni !
DAMIEN : T'as raison et il est sur la joue gauche. Ça pourrait être Nanni ! Il y a des informations sur ces femmes ?
ZÉLIA : Non. Cette photo illustrait un article de journal.
MORITZ : Mais il y a un sous-titre : „Eine Gruppe junger Studentinnen trifft auf junge Franzosen." Alors, peut-être qu'un des hommes, là, c'est ton grand-père ?

Damien regarde la photo d'un peu plus près.

DAMIEN : Ouais, regardez, on dirait mon grand-père, là, avec la moustache !

Zélia et Moritz regardent la photo et sourient.

ZÉLIA : Oui, c'est vrai. Tu lui ressembles un peu, Damien. Euh, sans la moustache, bien sûr !

Damien rigole.

DAMIEN : Tu délires !
MORITZ : Je suis d'accord avec Zélia, Damien, tu lui ressembles ! Bref, on pourrait montrer cette photo à ton grand-père ?
DAMIEN : Oui, mais d'abord, on doit rentrer chez moi pour l'interview avec ta grand-mère.
ZÉLIA : Vous avez préparé des questions ?
MORITZ : Oui, tiens, voici notre liste.
ZÉLIA : Merci ! Je vais la lire dans le métro. Comment s'appelle ta grand-mère, Moritz ?
MORITZ : Elle s'appelle Wilma.
ZÉLIA : Wilma, c'est joli. Je kiffe ce prénom ! Ah, le métro arrive.

9

Pendant que Damien et Zélia font leurs devoirs, Moritz chatte avec ses copains de Cologne, puis il fait des recherches sur Internet pour trouver d'autres informations sur Nanni.

MORITZ : Regardez ce que j'ai trouvé : le numéro de téléphone de Nanni-Marianne Schmitz à Ludwigsburg !
ZÉLIA : C'est pas vrai !
MORITZ : Si !
DAMIEN : Ouah, vas-y, appelle-la !
MORITZ : Et qu'est-ce que je dois dire ?
DAMIEN : Bah… Tu lui demandes si elle a été à Ludwigsburg en 1962.
ZÉLIA : Ah non ! C'est trop direct, Dam ! Mo, explique-lui d'abord la situation et puis demande si elle connaît un Michel en France.
MORITZ : OK... Psst… Hm… Hallo? Hm… Sind Sie Marianne Schmitz? Hm… Ok… Ich glaube, ich habe die falsche Marianne Schmitz erwischt… Darf ich fragen, wie alt Sie sind? Oh… verstehe. Ich habe definitiv die falsche Marianne Schmitz erwischt. Entschuldigen Sie die Störung!
DAMIEN : Alors ?
MORITZ : C'était Marianne Schmitz.
DAMIEN : Cool !
MORITZ : Non, pas cool, c'était une autre Marianne Schmitz. Sa voix était trop jeune et en plus, elle avait un accent de… comment on dit « Bayern » ?
ZÉLIA : De Bavière. Un accent bavarois quoi.
DAMIEN : Merde, on n'a pas de chance.
ZÉLIA : Peut-être qu'elle a déménagé ? On peut élargir la recherche à toute l'Allemagne !

DAMIEN : OK !
ZÉLIA : C'est parti !

Les trois copains s'assoient devant l'ordinateur de Damien et commencent leur recherche. Après quelques minutes, ils ont déjà trouvé dix-sept numéros de téléphone. Comme Damien est d'opinion qu'il ne parle pas assez bien allemand, il décide de ne pas téléphoner ; Zélia et Moritz se partagent les numéros et chacun prend son portable. Au dixième appel, Zélia raccroche et annonce triomphalement :

ZÉLIA : Je crois que je l'ai trouvée !
DAMIEN : Non ! C'est vrai ?… Raconte !
ZÉLIA : La personne que je viens d'appeler était la fille d'une Marianne Schmitz à Stuttgart, près de Ludwigsburg. Elle m'a dit que sa mère vivait dans une maison de retraite. Puis, elle m'a donné son numéro.
DAMIEN : Ben, appelons-la !
ZÉLIA : Ouais, le problème c'est qu'elle a Alzheimer… Ça veut dire qu'elle se souvient pas vraiment du passé. On pourrait l'appeler, mais sa fille m'a dit de ne pas me faire d'idées. On essaye quand même ?
DAMIEN : D'accord !
MORITZ : OK ! L'espoir meurt en dernier.
ZÉLIA : Tu veux dire « Tant qu'il y a de la vie, il y a de l'espoir » !

Moritz s'éloigne un peu de Damien et Zélia car il sent leur impatience et veut garder son calme pour téléphoner. Après quelques instants, il revient vers eux, l'air déçu.

14 une maison de retraite *f* Altersheim | 19 se faire des idées sich falsche Hoffnungen machen | 24 s'éloigner weggehen | 26 déçu/déçue enttäuscht

MORITZ : La directrice de la maison de retraite m'a dit que c'était impossible de parler à Marianne Schmitz. Surtout pas au téléphone, elle ne comprendrait pas la situation.

DAMIEN : Mince, on n'a pas de chance.

ZÉLIA : Ouais, c'est triste pour elle. Et c'est dommage pour ton grand-père.

DAMIEN : Zélia, est-ce que tu as demandé à la fille de Marianne si sa mère avait assisté au discours à Ludwigsburg ?

ZÉLIA : Oui, mais elle n'en savait rien.

DAMIEN : Ben, mes amis, je vous propose qu'on oublie maintenant toute cette histoire. Heureusement qu'on n'a encore rien dit à mon grand-père !

ZÉLIA : C'est tellement dommage ! « Michel et Nanni, Nanni et Michel : ils se retrouvent après plus de cinquante ans ! » Ça aurait été tellement chouette !

Les trois jeunes restent un moment silencieux. La sonnerie de l'ordinateur les ramène à la réalité.

---

8 assister à qc être présent à qc | 11 heureusement que zum Glück…

10

MORITZ : Hey Oma! Wie geht's dir?

WILMA : Moritz, hallo! Schön, dich zu sehen. Geht's dir gut?

MORITZ : Ja, alles super. Es ist richtig cool hier in Rouen. Aber ich berichte von allem, wenn ich wieder zu Hause bin.

WILMA : Unbedingt. Und dort sind deine Freunde?

DAMIEN : Hallo! Ich bin Damien, le corres de Moritz!

ZÉLIA : Und ich bin Alizée aber alle nennen mich Zélia!

WILMA : Enchantée ! Ich bin Wilma! Oh – es ist schon etwas her, dass ich Französisch gesprochen habe … Euh...
Je suis Wilma et je suis très curieuse de savoir comment je peux vous aider. Moritz m'a dit que vous aviez des questions sur Adenauer et de Gaulle.

DAMIEN : Tout à fait, on a un exposé à faire sur le discours qu'a fait de Gaulle à Ludwigsburg en 1962. Avez-vous entendu parler de ce discours ?

WILMA : Hahaha… Tu me fais rire ! J'ai même assisté à ce discours.

ZÉLIA : Sérieux ?

DAMIEN : C'est incroyable !

WILMA : Qu'est-ce qu'il y a ?

DAMIEN : Mon grand-père a lui aussi assisté à ce discours.

WILMA : Ah, vraiment ? Quel hasard !

ZÉLIA : Tout à fait ! Pouvez-vous nous parler un peu de cette époque et de votre réaction au discours de de Gaulle ?

La grand-mère de Moritz fait une courte pause, comme pour rassembler ses souvenirs, puis elle se met à raconter :

WILMA : Ah oui, je m'en souviens bien ! Les années 60, c'était une époque passionnante, on commençait à se remettre de la guerre, l'économie allemande allait mieux. Bien sûr, on était encore occupé par les Américains, les Anglais, les Russes et… les Français… Et puis surtout, l'Allemagne était séparée en deux, le mur de Berlin a été construit en 1961… mais on commençait à croire en l'Europe. Et ce discours de Charles de Gaulle nous a donné l'espoir et la motivation de créer de bonnes relations avec les Français. Avant cela, c'était différent.

DAMIEN : Différent ? Pourquoi ?

WILMA : Nos parents nous ont toujours dit que ça serait difficile avec les Français. Alors, le discours de de Gaulle a été magique.

ZÉLIA : Alors, c'est ce discours qui a changé votre avis sur les Français ?

WILMA : Non, il y a une autre raison. En fait, on a rencontré des Français après le discours. Là, on a constaté qu'ils étaient sympas, qu'ils avaient les mêmes envies que nous, de vivre en paix et de nous connaître, nous, les ennemis de longue date. Mon amie est même tombée amoureuse d'un de ces Français ! Oh… On était jeune.

DAMIEN : Elle est tombée amoureuse d'un Français ? Décidément !

WILMA : Oui, d'un jeune homme de notre âge. Un étudiant, je crois…Comment s'appelait-il ?

Zélia demande en rigolant.

ZÉLIA : Michel ?

Wilma a l'air surprise. Elle réfléchit quelques instants.

---

4 occupé/occupée besetzt

Wilma : Attendez, hem, oui ! Il s'appelait Michel, si je me souviens bien. Mais comment le savez-vous ?

Les trois jeunes se regardent l'air triomphant puis Moritz demande :

Moritz : Oma, wie hieß deine Freundin, die sich in Michel verliebt hat? Marianne Schmitz?

Wilma : Aber… Das gibt's ja nicht… Eh… Oui… Elle s'appelle Marianne, mais tout le monde l'appelle Nanni. Comment le sais-tu ?

Zélia : Oh, c'est tout simple ! On va vous expliquer… Mais d'abord, on voudrait savoir si vous êtes encore en contact avec Nanni !

11

Ludwigsburg, le 9 septembre 1962.

Une grande foule s'est rassemblée dans la cour du château de Ludwigsburg pour assister au discours de Charles de Gaulle, le président français. Michel et son ami Guillaume peuvent sentir l'impatience et la joie parmi les jeunes gens qui attendent l'arrivée du président. Certains scandent « Vive de Gaulle ! ». Sur des bannières, on peut lire « Wir grüßen de Gaulle » mais aussi « Wir wollen den europäischen Bundesstaat ». La visite de Charles de Gaulle à Ludwigsburg clôt un voyage de six jours en Allemagne. Dès le début de son discours, tout le monde écoute attentivement.

Charles de Gaulle : Ihre Generation erlebt es und wird es weiter erleben, das Gesamterzeugnis der wissenschaftlichen Entdeckungen und noch einmal der maschinellen Entwicklungen machen es unsere ganze Menschheit in voller Umwandlung zu bringen.

Michel : Quoi ? Qu'est-ce qu'il a dit ?

10 clore beenden

Guillaume : En fait, il a dit que notre génération voyait déjà combien les découvertes scientifiques et le développement des machines allaient changer et vont continuer de changer les conditions de vie des hommes.

Charles de Gaulle : … sollte es Ihnen und der französischen Jugend obliegen, alle Kreise bei Ihnen und bei uns dazu zu bestreben, engere Bande zu knüpfen, einander immer näher zu kommen und sich besser kennen zu lernen …

Michel : Entre la France et l'Allemagne, il y a quand même eu beaucoup de conflits. Nos parents et nos grands-parents se sont battus pendant la guerre.

Guillaume : Ça va changer, je pense. Regarde l'affiche là-bas : « Vive la France ! ». Je crois qu'un jour, ça sera normal de voyager en Allemagne pour nous et pour nos enfants.

Michel : J'ai des doutes quand même.

Guillaume : Chut… On l'écoute.

Pas très loin de Michel et Guillaume se trouvent Nanni et Wilma.

Nanni : Ich hoffe sehr, dass de Gaulle Recht behalten wird. Das ist ein Grund, warum ich Französisch studiere.

Wilma : Ich verstehe dich gut, Nanni. Eines Tages, wenn wir Lehrerinnen sind, werden wir versuchen, den Worten von de Gaulle so gut es geht Taten folgen zu lassen. Oh… Schau mal dort, der Hahn da vorne in der Röhre schaut zu dir herüber.

Michel et son copain Guillaume regardent les deux filles. À la fin du discours du président, ils s'approchent d'elles.

MICHEL : Guten Tag !

WILMA : Hallo! Ah… vous êtes français ?

GUILLAUME : Oui, on est français. Et vous parlez français ?

WILMA : Oui ! On peut vous aider ?

MICHEL : Oui, enfin non, c'est juste qu'on avait envie de parler avec vous. Je suis Michel et lui, c'est Guillaume.

WILMA : Moi, c'est Wilma. Et voici Marianne, qu'on appelle « Nanni ». Nanni ? Euh… Nanni ? Qu'est-ce qu'il y a ?

L'amie de Wilma regarde Michel et elle rougit. Normalement, elle n'est pas timide, mais là, c'est différent. Après quelques secondes, elle retrouve ses esprits.

NANNI : Guten … Euh… Bonjour ! Je suis Marianne, mais on m'appelle « Nanni ». C'est mon surnom.

GUILLAUME : Euh, oui. On avait compris.

MICHEL : Salut. Moi, c'est Michel.

GUILLAUME : Oula… ça va vous deux ?

MICHEL : Vous avez envie d'aller boire un café avec nous ?

NANNI : Oui, avec plaisir !

---

11 retrouver ses esprits *mpl* wieder zu sich kommen

12

On est déjà vendredi soir, Moritz doit préparer ses bagages car il repart le lendemain à Cologne. Les trois amis veulent passer la dernière soirée avec les parents de Damien, et bien sûr, avec Michel, le grand-père de Damien, qu'ils attendent d'une minute à l'autre.

DAMIEN : Maman, où est la surprise pour papi ?
ESTHER : Euh… Regarde là-bas, sur la commode !
ÉTIENNE : Une surprise pour papi ? Pourquoi ? C'est pas son anniversaire…
ESTHER : Non, tu vas voir, chéri ! Les enfants ont préparé quelque chose de génial.
ÉTIENNE : OK, je suis curieux de savoir de quoi il s'agit… Oh, j'ai oublié de vous demander : Comment s'est passé votre exposé ce matin ?
ZÉLIA : Très bien ! On a eu 18 sur 20 !
ÉTIENNE : Bravo, les enfants ! C'est du beau travail ! 18 sur 20, ça fait quelle note en Allemagne, Moritz ?

Moritz commence à expliquer le système de notes allemand quand on sonne à la porte. Damien va ouvrir.

MICHEL : Bonsoir tout le monde ! Je suis en retard ?
DAMIEN : Non, papi, tu tombes à pic ! On a une surprise pour toi !
MICHEL : Ah bon ? Une surprise pour moi ? Un cadeau ? C'est pas encore mon anniversaire.
DAMIEN : On sait, papi. Bon, d'abord, assieds-toi, s'il te plaît.

Le grand-père de Damien s'assied sur le canapé et sourit, l'air décontracté et amusé.

---

21 tomber à pic gerade recht kommen

DAMIEN : Alors, voilà, comme tu nous as beaucoup aidés pour notre exposé, on a voulu te faire un cadeau.
MICHEL : Il ne fallait pas les enfants ! Quelle note est-ce que vous avez eue ?
ZÉLIA : 18 sur 20 !
MICHEL : Bravo !
DAMIEN : Et justement, pour te remercier, voici notre surprise.

Damien tend à Michel deux enveloppes, une rouge et une bleue.

DAMIEN : D'abord, ouvre la bleue.
MICHEL : D'accord.

Michel ouvre l'enveloppe et en sort une photo qu'il regarde longuement. Son émotion est grande, des larmes coulent sur ses joues. Zélia lui tend un mouchoir. Au bout de quelques instants, il retrouve la parole.

MICHEL : C'est pas possible. C'est Nanni. Mais où avez-vous trouvé cette photo ?
DAMIEN : Tu sais, papi, avec Internet on peut trouver beaucoup d'informations.
ZÉLIA : N'est-ce pas, Dam ?
DAMIEN : Oui bon ben… C'est Zélia qui a voulu retrouver Nanni.
MICHEL : Retrouver Nanni ? Euh… Je n'comprends pas… Vous l'avez retrouvée ?

Moritz s'avance un peu vers Michel

---

8 tendre qc à qn jdm etw hinausreichen | 8 une enveloppe Umschlag | 13 une larme Träne | 14 un mouchoir ein Taschentuch | 24 s'avancer vers qn auf jdn zugehen

MORITZ : Oui, grâce à Internet et à ma grand-mère… qui s'appelle Wilma. Vous vous souvenez d'elle, peut-être ?

MICHEL : Wilma… Euh… C'était l'amie de Nanni ? Et Wilma, c'est… TA grand-mère ?

MORITZ : Ben… oui, Wilma, c'est ma grand-mère. C'est incroyable, mais c'est vrai ! Elle vous a reconnu tout de suite sur la photo.

ZÉLIA : Oui, et ensuite, elle a contacté Nanni qui habite maintenant à Osnabrück, c'est dans le nord de l'Allemagne.

Michel reste un instant bouche bée.

MICHEL : Mais c'est impossible… Ta grand-mère, Moritz, est…

DAMIEN : … l'amie de ton premier amour de Ludwigsburg. C'est un truc de ouf, non ? Maintenant, papi, tu peux ouvrir l'enveloppe rouge.

Michel ouvre fébrilement la seconde enveloppe.

MICHEL : Un billet de train ? Pour… Osnabrück ?

MORITZ : Oui, Marianne vous invite chez elle, à Osnabrück !

MICHEL : Pincez-moi les enfants ! Je rêve ! Ça veut dire que je vais enfin revoir Nanni ? Après plus de cinquante-cinq ans ! Les enfants, vraiment, je n'sais pas quoi dire…

ZÉLIA : Il n'y a rien à dire… En fait, il faut remercier le hasard, la chance et… Internet ! Charles de Gaulle avait raison : grâce aux nouvelles technologies, les gens peuvent communiquer et se rencontrer plus facilement.

ESTHER : Oui, les Français et les Allemands devraient en profiter pour mieux se connaître ! On a plein de choses en commun !

Michel semble encore très surpris.

---

17 pincer qn jdn zwicken

Étienne : Allez papa, une bonne nouvelle comme celle-ci, ça se fête !

Étienne ouvre une bouteille de champagne, sert son père, puis sa femme. Damien, Zélia et Moritz ont déjà leur boisson préférée.

Étienne : À la tienne, papa !
Michel : À la vôtre, les enfants ! Prost, Moritz ! Merci beaucoup ! Vive l'amitié franco-allemande !

Tout le monde trinque à ces retrouvailles inespérées. Moritz se tourne vers Damien et Zélia et dit :

Moritz : Je n'oublierai jamais cette semaine passée avec vous ! C'était trop bien, merci ! Rendez-vous dans cinq mois à Cologne !

Une nouvelle amitié franco-allemande est née. Qu'il en naisse encore des milliers ! À vous maintenant de continuer…

Activités

Avant la lecture et l'écoute

1. Ce livre a pour titre « Depuis notre dernière rencontre » : dans quelle(s) situation(s) peut-on employer ces mots ? Racontez.

2. Regardez la couverture. Faites des hypothèses sur l'histoire à partir du titre et de l'illustration.

3. Sur la couverture, on voit deux moyens de communication : une lettre et un portable.

a) Faites une liste de tous les moyens de communication que vous connaissez.
b) Faites un petit sondage en classe : posez des questions pour trouver quelqu'un qui ...

	NOM
• a déjà écrit un texto aujourd'hui :	
• a envoyé un message vocal *(Sprachnachricht)* le week-end dernier :	
• écrit régulièrement des messages (sur Internet / sur son portable) à un(e) ami(e) qu'il/elle n'a pas vu depuis longtemps :	
• a écrit une lettre durant les derniers six mois :	
• a reçu une lettre durant les derniers six mois :	

Pendant la lecture et l'écoute

Chapitre 1

1. Écoutez le chapitre 1 et cochez les bonnes réponses sans regarder dans votre livre. Corrigez quand c'est faux.

a) Les élèves de la 3^{e}B sont dans la cour parce que/qu'
- ☐ ils attendent leurs parents.
- ☐ c'est la récréation.
- ☒ leurs correspondants allemands arrivent bientôt.

b) Les personnages qu'on entend sont
☒ Zélia, ☒ Esther, ☐ Daniel, ☒ Damien, ☒ Moritz.

c) Les deux garçons aiment jouer
☐ au foot. ☒ aux jeux vidéo. ☐ au volley.

d) Moritz, c'est le correspondant allemand de
☐ Zélia. ☐ Esther. ☒ Damien.

e) Il sait ce qu'est le verlan.
☐ vrai ☒ faux

f) Moritz parle bien français parce qu'il a habité en Bretagne.
☐ vrai ☒ faux

g) Damien propose à Moritz de boire un verre de cidre. Sa mère, Esther, est d'accord.
☐ vrai ☒ faux

2. Écoutez le chapitre 1 une nouvelle fois et complétez vos réponses à l'activité 1.

3. Et vous ? Connaissez-vous le verlan ?

a) Expliquez. Si vous ne connaissez pas le verlan, faites une recherche et notez les « règles » de ce jeu de mots.

b) « Traduisez » les mots suivants en français standard. Les phrases entre parenthèses vont vous aider.

Le tromé → ______________________________
(« Je prends le tromé. On se retrouve à la station ? »)

C'est ouf ! → ______________________________
(« Le voyagé a duré douze heures au lieu de six heures ! C'est ouf ! »)

Laisse béton ! → ______________________________
(« Je suis désolé, j'ai oublié de t'appeler.
– Laisse béton ! C'est pas grave ! »)

vénère → ______________________________
(« J'ai perdu mon portable. Chuis vénère ! »)

c) « Zélia », c'est le surnom d'Alizé en verlan. Essayez de transformer votre prénom en verlan en respectant les règles que vous avez trouvées (activité a).

En plus

1. Sur Internet, cherchez des informations sur la ville de Rouen.

a) Entourez les informations correctes dans le texte suivant.

Rouen est située dans l'ouest / l'est / le nord / le sud de la France, près de Paris / près de Marseille / près de Bordeaux.
Cette ville compte plus de / moins de 100 000 habitants. Jeanne d'Arc y est née / décédée en 1431.

b) Faites une petite recherche :
Qui était Jeanne d'Arc ?

héroïne nationale de français, saints dans l'église catholique

+ de cent ans

a participé dans la guerre

2. À la maison, Damien, Moritz et Zélia veulent boire un diabolo. Qu'est-ce que c'est ? Cherchez des recettes. Est-ce que vous aimeriez goûter cette boisson ? Pourquoi ?

cocktail sans alcool, composé de sirop et de limonade parce que ça c'est très délicieux

=> j'aimerais goûter la boisson

Chapitre 2

1. Avant la lecture du chapitre

Imaginez que votre corres français/e vous rende visite.

a) Qu'est-ce que vous lui montreriez dans votre ville / village ?

b) Quelles activités feriez-vous ensemble ? Faites une liste avec 5 idées.

c) Formez un groupe de 3 élèves pour expliquer et discuter de vos idées.

2. Lisez le chapitre 2. Faites une liste des activités que Moritz, Damien et ses parents font pendant le week-end.

3. À l'aide du chapitre 2, écrivez les mots qui manquent dans les phrases suivantes.

a) Étienne, le père de Damien, freine parce qu'il y a une personne devant lui qui condoit trop lentement. ✓

b) Damien explique que la voiture vient de ✓

B RETAGNE. ✓

c) Le numéro indique le département d'où

la voiture vient. ✓

2. découvrir le centre-ville.
se balader dans la vieille ville
visiter le musée de Jeanne d'Arc
manger au restaurant normand
visiter la cathédrale de Roen, prendre des phot

d) Esther, la mère de Damien, explique qu'il y a toujours une petite concurrence entre les Normands et les Bretons. √

e) Elle dit qu'il y a des personnes qui prennent cela au sérieux, mais pas elle. Par exemple, la dispute entre Bretons et Normands à propos du Mont-Saint-Michel, cela la fait rire. √

f) Moritz explique que lui aussi, il connaît des histoires comme ça, p. ex. la rivalité entre Cologne et Düsseldorf. √

4. Les lettres bleues des mots que vous avez trouvés dans l'activité 3 forment un mot. Écrivez-le et lisez sa définition.

Un cliché est une opinion favorable ou défavorable sur une personne ou une chose. Mais cette opinion est un jugement qui n'est pas vérifié. √

5. Damien explique à Moritz la concurrence entre les Bretons et les Normands. Moritz sait qu'il y a aussi ce phénomène en Allemagne. Faites les activités suivantes.

a) Dans votre ville / village, est-ce que les gens ont des préjugés sur les habitants d'une autre ville / d'un village situé/e près de chez vous ? Notez-les.

b) En Allemagne, existe-t-il des clichés ou des préjugés sur les habitants de certaines régions ? Donnez des exemples.

c) Expliquez en quelques phrases les problèmes et les conséquences de ces clichés et de ces préjugés. Vous pouvez utiliser les mots et expressions ci-dessous :

provoquer qc croire qc critiquer qc expliquer qc	une dispute une concurrence la haine la perspective le monde les gens la qualité le manque de respect envers qn/qc	inutile simple valable *(gültig)*

Chapitre 3

1. Lisez le chapitre 3 et faites les activités suivantes.

a) Cochez la bonne réponse.

Les élèves de la classe de Damien et quelques correspondants allemands attendent

- [ ] M. Dévin, le professeur de géo.
- [ ] la fin du cours d'histoire-géo.
- [x] l'arrivée de leur prof d'histoire-géo.

b) Zélia et Damien parlent de leur prof. Notez quelques adjectifs avec lesquels ils la caractérisent :

plutôt sympa, parle beaucoup, méchant quand on est en retard

c) Complétez.

Mme Dévin parle de « l'heure zéro » et Élise explique que c'est la période après la Seconde Guerre mondiale en Allemagne. Élise précise ensuite qu'en Allemagne, beaucoup d'entreprises allemandes ont été détruites par les bombes des Alliés.

d) Cochez la bonne réponse.

Sébastien et son correspondant Jonas entrent avec le surveillant, parce qu'ils

- [ ] n'ont pas trouvé la salle.
- [x] sont en retard.
- [ ] ont aidé le surveillant à trouver la salle.

e) Quelle est la réaction de la prof et qu'est-ce qu'elle fait ? Répondez en utilisant 3 des expressions suivantes.

être mécontent/e être fâché/e demander le nom inviter les deux garçons à prendre place poser des questions interroger le correspondant donner la réponse elle-même expliquer la situation historique

f) Complétez.

Après la Seconde Guerre mondiale en 1945, Charles de Gaulle était le président de la République française

et Konrad Adenauer était le chancelier allemand.

Les deux hommes ont commencé à créer l'amitié franco-allemande.

g) Expliquez sur quel projet Zélia, Damien et Moritz doivent travailler. Quel est le problème pour Zélia et Damien ? Pourquoi ont-ils de la chance ? Quelle est l'idée de Damien ?

Un discours de Charle de Gaulle
→ en allemand
traduire phrases en français + demander grand-parents

2. Écoutez le chapitre 3 plusieurs fois puis jouez des extraits du chapitre 3.

a) Divisez la classe en deux et travaillez en groupe de 3. Une moitié de la classe prépare le début du chapitre jusqu'à la ligne 2, p. 17 et l'autre moitié prépare la scène avec le surveillant jusqu'à la ligne 27, page 18.

b) D'abord, notez dans votre cahier vos critères pour évaluer:

A) la présentation : ______________________

____

____

B) la langue / la prononciation *(Aussprache)* : ______________________

____

____

c) Présentez vos jeux de rôles et donnez un feedback en fonction de vos critères.

3. À la fin du chapitre 3, Damien veut écrire un texto à son grand-père. Écrivez ce texto avec les informations les plus importantes.

Chapitre 4

1. Écoutez le chapitre 4 sans regarder dans votre livre. Puis cochez la bonne réponse. Corrigez quand c'est faux.

a) Quel est le problème de Damien ?
- ☐ Damien ne comprend rien quand Moritz parle allemand.
- ☐ Il veut lire un passage d'un discours de Charles de Gaulle.
- ☒ Il ne comprend pas un passage du discours de Charles de Gaulle.

b) Dans son discours, Charles de Gaulle dit que
- ☒ les jeunes sont importants pour l'avenir.
- ☐ l'énergie du soleil est importante.
- ☐ la technologie change la vie des jeunes.

c) Moritz dit que le président avait raison parce qu'on utilise aujourd'hui des technologies modernes pour communiquer.
☒ vrai ☐ faux

d) Zélia précise que l'échange entre les jeunes Allemands et les jeunes Français était souhaité par le président.
☒ vrai ☐ faux

e) Pour Moritz, l'origine de ses amis est très importante.
☐ vrai ☒ faux

2. À deux, comparez vos réponses, puis lisez le chapitre 4. Si nécessaire, corrigez vos réponses à l'activité 1.

Chapitre 5

1. Lisez le chapitre 5 et écoutez-le en même temps. Faites les activités suivantes.

a) Complétez.

Le grand-père de Damien s'appelle Michel Billeau.

Il a assisté au discours de Charles de Gaulle qui a eu lieu le

9 septembre 1962.

b) Vrai ou faux ? Cochez la bonne réponse et corrigez si c'est faux.

	vrai	faux
Montbéliard est la ville jumelée avec Ludwigsburg.	☒	☐
Le voyage de Michel à Ludwigsburg était son premier voyage en Allemagne.	☒	☐
Il parlait très bien allemand.	☐	☒
Le discours de Charles de Gaulle a changé son point de vue sur l'Allemagne.	☒	☐
Michel a rencontré beaucoup de personnes spéciales à Ludwigsburg. justement Nanni	☐	☒
La jeune Allemande qu'il a rencontrée s'appelait « Nanni ».	☒	☐
Deux ~~semaines~~ jours après le discours, il a dû rentrer en France.	☐	☒

c) Qu'a fait Michel pour rester en contact avec « Nanni » ?

écrire des lettres

d) « Nanni » est un surnom. Le vrai prénom de la jeune femme est Marianne Schmitz ✓ .

2. À deux, comparez vos réponses aux activités de 1.

3. Aidez Damien à comprendre le discours de Charles de Gaulle. Transmettez en français les idées principales de cet extrait du discours de Charles de Gaulle.

„Ich beglückwünsche sie zunächst, jung zu sein. […] Ich beglückwünsche Sie ferner, junge Deutsche zu sein, das heißt Kinder eines großen Volkes. Jawohl! Eines großen Volkes, das manchmal im Laufe seiner Geschichte große Fehler begangen hat. Ein Volk, das aber auch der Welt fruchtbare geistige wissenschaftliche […] Wellen beschert hat.“

les jeunes sont important pour l'avenir

Mots et expressions utiles
jdm beglückwünschen féliciter qn de qc
fruchtbar *ici :* important/e
wissenschaftlich scientifique
Welle *ici :* idées

les idees de jeunes sont necessaire pour ameliorer l'avenir et d'apprendre des faute

4. Regardez la vidéo du discours de Charles de Gaulle via l'application Klett-Augmented.

a) Dans la liste suivante, soulignez ce qu'on peut voir dans la vidéo.
une scène – des spectateurs – des caméras – des voitures – des microphones – des affiches – le président de Gaulle – le chancelier Adenauer – le président Lübke – le drapeau allemand – le drapeau français

b) En trois phrases, décrivez ce qu'on peut voir dans la vidéo.

c) Répondez aux questions suivantes sous forme de phrases complètes :

- Quelle langue Charles de Gaulle parle-t-il ?
- Comment les spectateurs réagissent-ils souvent ?
- Qu'est-ce que de Gaulle fait à la fin ?

d) Ce discours était un grand pas vers de bonnes relations franco-allemandes et européennes. Préparez des posters sur ce moment historique afin de mieux le faire connaître aux autres élèves de votre école. Vous pouvez utiliser des captures d'écran *(Screenshots)*, des citations du discours et vous pouvez aussi imaginer des slogans qui soutiennent l'idée de Charles de Gaulle sur les relations franco-allemandes.

5. Caractérisez le grand-père de Damien en copiant le modèle suivant sur une fiche et en notant toutes les informations qu'on apprend sur lui dans ce chapitre :

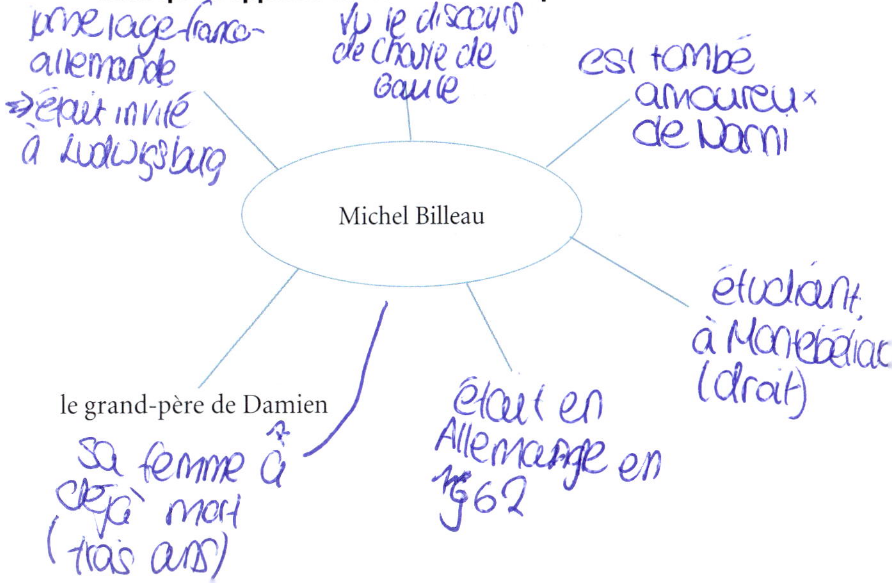

Chapitre 6

1. Lisez le chapitre 6 et faites une des activités suivantes.

a) Imaginez que Nanni ait reçu la lettre de Michel et qu'elle lui réponde. Écrivez la réponse de Nanni.

ou

b) Imaginez que la rencontre de Nanni et Michel ait eu lieu de nos jours. Écrivez l'échange de messages que pourraient avoir aujourd'hui Nanni et Michel.

2. Présentez votre e-mail / vos messages aux élèves qui ont choisi la même activité que vous. Comparez-les.

3. Présentez votre e-mail / vos messages aux élèves qui ont choisi l'autre activité. Ensuite, présentez vos messages au reste de la classe.

Chapitre 7

1. Lisez et écoutez le chapitre 7 en même temps.

2. Lisez le résumé ci-dessous. Quatre erreurs se sont glissées dans ce résumé : Trouvez-les et écrivez le résumé corrigé dans votre cahier.

« Les trois copains se demandent ce qu'ils peuvent faire maintenant qu'ils connaissent le secret de Michel. Damien propose de parler de cette histoire dans leur exposé, mais

Zélia veut vraiment retrouver Nanni. Elle veut chercher sur Internet, mais elle sait qu'ils n'ont pas d'informations concrètes sur cette femme. Quand même, elle est sûre de la reconnaître sur une photo parce que Nanni avait un grain de beauté sur le nez. Les trois copains sont d'accord qu'ils veulent retrouver Nanni, mais ils veulent aussi continuer à travailler sur leur projet. Ils ont l'idée de faire une interview avec le grand-père de Moritz. Ils organisent donc une vidéo-conférence sur Internet. »

3. Les symboles nationaux

Damien explique que Marianne est le symbole de la République française, puis il demande à Moritz : « Vous avez aussi un symbole pour l'Allemagne ? » Moritz ne sait pas. Pouvez-vous l'aider ?

a) Notez les symboles nationaux de l'Allemagne que vous connaissez. Si vous n'avez pas d'idées, faites une recherche sur Internet et prenez des notes.

b) Cherchez s'il existe d'autres symboles de la France.

c) Connaissez-vous des symboles d'autres nations (p.ex. la Turquie, la Russie) ? Choisissez un pays, faites une recherche et prenez des notes.

Chapitre 8

1. Écoutez deux fois le chapitre 8. Prenez des notes sur le contenu.

2. Reliez les parties de phrases correspondantes. Écrivez ce résumé dans votre cahier.

1. Le lendemain, Zélia informe	a) sur l'évènement à Ludwigsburg en 1962.
2. Elle a découvert un site Internet avec beaucoup d'informations	b) et elle pense qu'elle y reconnaît Nanni.
3. Elle a même trouvé une vieille photo	c) les deux garçons ont préparé une liste avec des questions.
4. Moritz n'est pas sûr, mais Zélia explique qu'il y a un grain de beauté	d) les deux garçons sur ses recherches.
5. Damien constate qu'un des hommes sur la photo	e) sur la joue de cette femme.
6. Il n'y a pas d'autres informations	f) et les trois jeunes décident de continuer à préparer l'interview.
7. Comme ils veulent faire une interview de la grand-mère de Moritz,	g) pourrait être son grand-père.

3. Damien et Moritz ont préparé une liste de questions pour l'interview de Wilma, la grand-mère de Moritz, qui parle français. Quelles pourraient être leurs questions ? Formulez cinq questions à Wilma dans votre cahier.

4. À deux, comparez vos questions et imaginez les réponses de Wilma. Notez-les.

Chapitre 9

1. Écoutez et lisez le chapitre 9.

2. Dans votre cahier, répondez aux questions suivantes sous forme de phrases complètes. Indiquez la page et la ligne du chapitre où on peut vérifier votre réponse.

a) Chez Damien, Moritz a une bonne idée pour trouver Marianne Schmitz. Laquelle ?

b) Moritz appelle le numéro trouvé, mais raccroche assez rapidement. Pourquoi ?

c) Zélia veut continuer la recherche. Qu'est-ce qu'elle propose ?

d) Damien ne veut pas téléphoner. Pourquoi ?

e) Zélia pense avoir trouvé Marianne Schmitz. Mais pourquoi est-ce que les trois jeunes ne peuvent pas parler avec elle ?

f) Finalement, les trois jeunes décident d'arrêter leurs recherches. Pourquoi ?

3. Comparez vos résultats avec un/e partenaire.

Chapitre 10

1. Écoutez le chapitre 10. Puis écrivez dans votre cahier ce que les trois copains et Wilma, la grand-mère de Moritz, ont dit lors de la vidéo-conférence. Attention au discours indirect !

a) « Je suis très curieuse de savoir comment je peux vous aider. »
→ Wilma a dit qu'elle…

b) « J'ai même assisté à ce discours. »
→ Elle a expliqué qu'elle…

c) « Les années 60, c'était une époque passionnante. »
→ Elle a affirmé que…

d) « Ce discours de Charles de Gaulle nous a donné l'espoir et la motivation de créer de bonnes relations avec les Français. »
→ Elle…

e) « On a rencontré des Français. On a constaté qu'ils étaient sympas. » → Puis, elle…

f) « Votre amie est tombée amoureuse d'un Français ? »
→ Damien a demandé...

g) « Elle s'appelle Marianne ? » → Moritz...

h) « On va vous expliquer cela tout de suite. » → Zélia...

Rappel: Le discours indirect

le discours direct	**le discours indirect au passé**
Zélia : « Il est sympa. »	Zélia **a dit** qu'il **était** sympa.

Ist das redeeinleitende Verb der indirekten Rede in der Vergangenheit (*a dit*), ändern die folgenden Verben ihre Zeitform meist entweder ins *imparfait* (wenn es in der direkten Rede das *présent* war) oder ins *plus-que-parfait* (zuvor in der direkten Rede: *passé composé*). Wurde in der direkten Rede das *futur simple* (« Il sera sympa. ») benutzt, dann wird es in der indirekten Rede zum *conditionnel présent* umgeformt (« Elle a dit qu'il serait sympa. »)

Chapitre 11

1. Écoutez le chapitre 11 et faites les activités suivantes.

a) Cochez la bonne réponse.

On se retrouve à Ludwigsburg en
☐ 1972. ☐ 1962. ☐ 1926.

b) Complétez les phrases.

On assiste au discours de ______________________________.

Là, deux jeunes hommes français, Guillaume et ______________

font la connaissance de deux jeunes femmes, Marianne

(« Nanni ») et ______________________. Nanni ne parle pas au

début, elle est ________________________. Michel propose d'

____.

2. Lisez **maintenant le chapitre 11 et si nécessaire, complétez vos réponses à l'activité 1.**

3. Relisez **le début du chapitre, puis faites les activités suivantes.**

a) Résumez ce que Charles de Gaulle dit au début du chapitre. Écrivez dans votre cahier.

b) Charles de Gaulle a-t-il eu raison ? Pour répondre, aidez-vous du contenu du chapitre 4. Relisez-le si nécessaire.

Chapitre 12

1. Lisez et écoutez en même temps le chapitre 12.

2. Lisez ce résumé. Trouvez les six erreurs et corrigez-les.

« C'est la fin du séjour de Zélia à Rouen. La famille de Damien organise une soirée d'au revoir. Ils ont invité les grands-parents de Damien. Le père de Damien, Antoine, apprend que les trois copains ont une surprise pour le grand-père de Damien. Ils ont préparé trois enveloppes. Le grand-père est très surpris car il trouve dans les enveloppes une photo et un billet de train pour Berlin. Il aura la chance de revoir son ancien amour Wilma. »

3. Damien explique à ses parents qu'ils ont eu 18 sur 20 à leur exposé. Étienne, le père de Damien, remarque qu'en Allemagne, il y a un autre système de notes.

a) Connaissez-vous le système de notes français ? Décrivez les aspects les plus importants de ce système. Si nécessaire, faites une recherche sur Internet.

b) Imaginez : Vous devez décrire à une personne française le système de notes allemand. Écrivez cette explication en français.

Après la lecture et l'écoute

1. **Moritz rentre en Allemagne, mais Damien et lui veulent garder le contact. Comment peuvent-ils le faire ? Faites des propositions.**

2. **Écrivez le dialogue entre Damien, Moritz, Zélia et Esther au moment où Moritz doit s'en aller.**

3. **Est-ce que vous avez aimé lire et écouter cette histoire ? Expliquez pourquoi (pas).**

4. **Qu'avez-vous compris de l'histoire en… (Cochez.)**

	5 %	25 %	50 %	75 %	100 %
… lisant le livre ?					
… écoutant la version audio ?					

5. **Dans cette histoire, il est question du discours de Charles de Gaulle et des relations franco-allemandes. Quelles informations étaient nouvelles pour vous ? Faites une liste et comparez-la ensuite avec un/e partenaire.**

6. **Avez-vous d'autres connaissances sur les relations franco-allemandes, p.ex. par votre cours d'histoire ? Notez d'autres moments historiques importants concernant les relations franco-allemandes dans votre liste (de l'activité 5). Comparez-les avec ceux d'un/e partenaire.**

Liste des abréviations

adv	adverbe
etw	etwas
f	féminin
fpl	féminin pluriel
fam	familier
jdm	jemandem
jdn	jemanden
m	masculin
qc	quelque chose
qn	quelqu'un

S.65

- De quand à quand était Konrad Adenauer chancelier ? - De 1949 à 1963

Qu'est-ce que l'amitié signifie pour vous ?
- L'amitié est très important pour moi. Après l'histoire difficile ils se sont approché et sont des partenaires maintenant.

- Dans quel parti était Konrad ?
- Il était dans le "Christlich Demokratische Union"

- Vous avez eu beaucoup de contact avec des jeunes français ?
- Oui, j'ai participé à un echange avec une ville jumelage en France. C'était super !

- Quel était le célèbre diction de Konrad ?
- C'était : Was interessiert mich mein Geschwätz von gestern "!
Ca veut dire "je me fiche de ce que j'ai dit hier !"